목수 김홍한 목사의

십자가 묵상 3

목수 김홍한 목사의

십자가 묵상 3

지은이   김홍한
초판발행   2021년 8월 13일

펴낸이   배용하
책임편집   윤찬란
사진   뿌리

등록   제364-2008-000013호
펴낸곳   도서출판 대장간
       www.daejanggan.org
등록한곳   충남 논산시 매죽헌로1176번길 8-54
대표전화   전화: 041-742-1424   전송: 0303-0959-1424

분류   신앙 | 영성
ISBN   978-89-7071-564-3   03230

 값 10,000원

목차

목수 김홍한 목사의
십자가 묵상 3

목사이면서 목수이신 김홍한을 생각하니 오래전 읽은 고전, 누군가의 글 중에서 '숨어서 살아가는 사람이 잘 사는 사람이다'라는 한 구절이 슬그머니 떠오른다.

책 한 권 쓰지 않고, 남도의 변방 중에서도 낙도에 살고 있는 나에게 감히 추천의 글을 부탁할 수 있음은, 그 성정性情이 하늘에 닿아 있기에 가능하겠지 했다.

고등학교 시절 날마다 같은 옷을 입고 오시는 담임선생께서 '겉의 화려함은 속이 비어있음을 반증하는 것'이라고 하셨다. 감수성이 예민하던 그 시절, 그 말씀은 비수처럼 나의 뇌리에 박혔다. 그럼에도 불구하고 여전히 으리으리하며 휘황찬란함으로 자신을 드러내 보이고 싶은 과시욕이 꿈틀거리고 나의 속내를 감출 수 없다. 그런데 목수 김홍한을 만나면 행인에게 고쟁이를 들켜버린 여인네처럼 수줍어진다. 왜 그럴까를 혼자서 한참 생각한 적이 있다.

오랜 세월 기독교인으로 살아온 나에게 십자가는 늘 벽에 걸려있었다. 그렇게 세뇌되어 버린 벽에 걸린 십자가 형상은 나와는 상관없는, 구경하고 감상하면서 온갖 감흥에 젖어야 하는 대상이었다. 나는 꿀을 빨면서 꽃길만 걸으면 된다. 모든 고난과 고통은 벽에 걸려있는 십자가가 다 책임을 지고 있으니 말이다.

　그런데 어느 날 그 십자가가 내 손에 쥐어졌다.

　　'십자가가 없으면 부활도 없으며, 고난이 없으면 영광도 없다.'

　내 가슴에서 아우성쳤다. 김홍한의 십자가는 그렇게 걸려있는 관람용에서 살아내야 하는 현실로 내려왔다.

　오랜 세월 삶의 진실과 참삶의 길을 천착해온 김홍한은 그 자취와 발걸음들을 십자가마다 새겼다. 그 진실과 진정은 보는 이로 하여금 외모에서

속내를 보게 한다. 환상에서 현실로, 화려함에서
실속을 지향케 한다.

'맑은 향기가 만 리에 퍼진다'는 청향만리淸香萬里
/중국 원나라 왕면는 목수 김홍한을 지칭한다. 아마도
김홍한의 십자가를 손에 쥐고 살아간다면 "이에
의인들이 대답하여 이르되 주여 우리가 어느 때
에 주께서 … 목마르신 것을 보고 마시게 하였나
이까"마 25: 31-46라고 고백할 수 있지 않을까? 하는
거룩한 기대감을 가져본다. 유쾌한 상상이어서 저
절로 웃음 짓는다.

선물로 주어진 십자가를 바라보며~

황현수 목사

　본질은 드러날 수 없다. 드러낼 수 없을뿐더러 드러나서도 안 된다. 무지한 어떤 화공이 감히 용 그림을 그렸다. 상상의 동물로 군자의 상징이고 왕의 상징인 용을 그림으로 그리니 무시무시한 괴물의 형상이 되었다. 굳이 용 그림을 그리려면 머리는 그리지 말았어야 했다. 머리는 구름 속에 감추어 두어야 하는데 용머리까지 그려 놓았다. 그리고 보니 악어 주둥이, 돼지 코, 꼬불꼬불한 수염, 사슴뿔, 몸통은 뱀이다. 용의 머리를 그린 것까지도 용서하겠다. 머리는 그려도 눈은 그리지 말아야 하는데 눈도 그렸다. 눈을 그려도 눈동자는 찍지 말아야 하는데 눈동자까지 찍어 넣었다. 畵龍點睛화룡점정이다. 그러자 성인의 상징인 용은 죽고 조화 부리는 괴물이 되었다. 형상화한다는 것이 이렇게 끔찍한 것이다.

　내가 십자가를 만든다. 십자가에 글을 담는다. 목사의 글이니 설교다. 십자가 하나하나가 설교다. 그런데 간혹 십자가에 무슨 신비한 힘이 있는

것처럼 여기는 이들이 있다. 그것이 걱정이다. 지
나치면 부적이 되고 우상이 된다. 혹자는 성물聖物
이라고 한다. 가톨릭에서는 성물이 있을지 몰라도
개신교에는 성물이 없다.

십자가는 신물神物이 아니다. 성물聖物도 아니다.
고난苦難의 상징이다. 교회가 십자가를 상징으로
삼은 것은 참 기특한 일이다.

교회

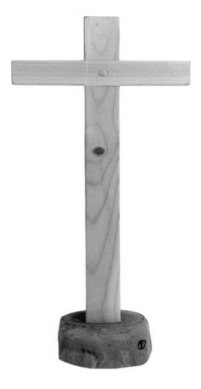

120_390mm

별조차 가려진 폭풍우의 밤
등대의 존재 이유다

배를 부르지 않는다
배를 찾아가지 않는다
늘~ 그 자리에서
그저 길잡이가 될 뿐

권세도 없다
명예도 없다
재물도 없다
벗도 없다
고독하게 제 역할을 한다
교회가 그래야 하는 것처럼

150_260mm

너는 숨는 교회가 되어라.
장사꾼들처럼
선전하고 떠벌리고 자랑하는 교회가 아니라
카타콤에 숨는 교회가 되어라.
내가 너를 드러내리라.
사람들이 은밀히 찾아오리라.

너는 소박한 교회가 되어라.
꾸미지 말라. 울긋하지 말고 불긋하지 마라.
번쩍하지 말고 은은하려고도 말라.
그냥 네 모습 그대로 벌거벗어라.
내가 입혀 주리라. 내가 꾸며 주리라.

친절하지 말라.
친절한 것은 간사한 것,
내가 언제 친절하더냐?
그저 투박한 통나무처럼 돼라.
사람들이 오히려 너에게 친절하리라.

너는 사람을 쫓아내는 교회가 되어라.

복 받겠다고 하는 이는 쫓아내라. 내가 줄 복이 없다. 너희가 믿는 예수는 지지리도 복이 없던 이었다.

봉사하겠다고 하는 이도 쫓아내라. 그런 자는 틀림없이 교만하고 또 교만하다. 그 교만은 죽어야만 치유될 수 있다.

나는 이런 교회가 좋고 저런 교회가 좋다 하는 이도 쫓아내라. 틀림없이 주인 노릇 하고자 하는 이일 것이다.

이런 사람 저런 사람 다 쫓아내어 텅 빈 교회가 되었을 때 비로소 빈 무덤으로 부활하리라.

너는 친교 하지 말아라. 친교 한다고 하는 짓들이 쓸데없는 잡담과 먹고 즐기는 오락뿐이다. 오히려 너는 고민하고 갈등하게 하라. 고민하고 갈등하지 않는 이는 내 제자가 될 자격이 없다.

다른 교회를 본받지 말아라.

내가 네게 준 은혜를 사모하고 그것을 드러내라. 그것이 내가 너를 세운 뜻이다.

너는 영원하려 하지 마라.

수많은 교회들이 나타났다 사라졌거늘 오늘날 교회들은 자신들이 영원할 줄 안다. 어리석은 생각이요 교만한 생각이다. 필요 없다면 언제든지 사라지는 것이 교회이다.

오늘날의 "종교가 타락했다"라는 말에 동의하지 않는다. 역시 오늘날의 종교가 거룩하다고 여기지도 않는다. 어느 시대든지 타락한 종교인도 있고 훌륭한 종교인도 있다. 사람들은 종교의 전체 모습을 볼 수 없으니 자신이 접하는 극히 일부를 보고 종교가 타락했느니 거룩하다느니 판단을 한다.

일반 대중으로서 타락한 종교인을 접하는 경우는 흔하지 않다. 역시 거룩한 종교인을 접하는 경우도 흔하지 않다. 혹 접한다 하더라도 그가 정말 타락한 종교인인지 거룩한 종교인인지 잘 구별하지 못한다. 타락한 종교인일수록 자신을 합리화하고 자신을 거룩하게 포장하는 데 능하기 때문이다.

거의 대부분의 경우, 그 시대 사람들은 그 시대가 타락했다고 한다. 역사상 그 시대가 거룩했다고 평가하는 경우는 거의 없다. 그리고 말하기를 "세상이 점점 악해져 간다."라고 한다. 이러한 일반적인 평가는 − 늘 그랬기 때문에 − 역시 중요한 것이 아니다.

한국교회가 많은 비난을 받고 있다. 윤리적으로 타락했다고 한다. 신학적으로 무지하다고 한다. 하나님을 섬기는 것이 아니라 맘몬을 섬긴다고 한다. 배타적이라고 한다. 교회가 많다고

270_340mm

한다. 강압적 선교를 한다고 한다. 약자보다 강자 편에 서 있다고 한다. 정치적이라고 한다. 교회를 사유재산처럼 세습한다고 한다. 이러한 교회에 대한 비난들은 나름 일리 있는 지적임에도 불구하고 전적으로 옳은 지적은 아니다. 교회의 타락은 과거에도 그랬고 현재도 그러하고 앞으로도 그러할 것이다. 그렇지만 언제든지 또한 하나님의 사랑을 받아 마땅한 거룩한 이들이 있음도 알아야 할 것이다. 교회 역사상 온전히 거룩한 때도 없었지만 온전히 타락한 때도 없었다. 빛과 그림자는 공존한다.

대중의 비난과 칭찬을 교회개혁의 주제로 삼을 수는 없다. 대중의 칭찬과 비난이야말로 허망한 것, 대중의 요구에 부화뇌동하다 보면 결과는 오히려 정체성의 상실이다. 때로는 대중의 칭찬을 무가치한 것으로 여길 수 있어야 하고 대중의 비난에도 당당할 수 있어야 교회다.

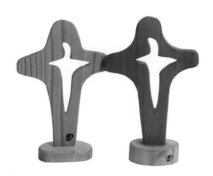

130_200mm

교회의 권위가 크게 올라가는 것이 꼭 좋은 것만은 아니다. 교회가 거룩하고 성직자가 경건해야 하는 것은 당연하나 그로 인하여 부와 권력이 모이는 것은 크게 경계해야 할 일이다.

종교가 거룩해지면 사람이 모인다. 재물도 모인다. 사람이 모이고 재물이 쌓이면 권력이 된다. 그것이 교회의 타락이다. 일부러 타락하려 해서가 아니라 기왕에 얻은 부와 권력을 잃지 않고 유지하려 하기 때문이다.

종교가 무엇인가를 많이 소유하게 될 때 종교는 종교적 가치관에 따라 움직이는 것이 아니라 세속적 가치관에 따라 움직인다. 종교적 진리를 유지하려는 것이 아니라 부와 권력을 유지하려고 노력한다. 교회 재산을 지키는 것을 교회를 지키는 것으로 착각한다. 종교 지도자들은 신도 수가 줄고, 재산이 줄고 권력과 멀어짐을 종교의 쇠퇴로 간주한다.

윤리적 타락은 부와 권력의 부산물이다. 부와 권력을 지닌 교회와 성직자는 아무리 경건하려 해도 할 수 없고 아무리 근검절약하고 겸손해도 사람들은 그것을 인정하지 않는다. 오히려 돈방석 위에서 청빈한 척하는 위선으로 본다. 교회가 새로워지는 유일한 방법이라면 적극적이고 자발적으로 가난해지는 것이다.

200_380mm

천주교회와 개신교회, 얼마나 같고 얼마나 다를까? 한 분 하나님, 한 분 예수님, 한 분 성령님을 믿는다. 성경이 같고 신앙고백이 같다. 다른 것은 1517년 종교개혁 이후 전통이 다르고 관습이 다르며 교리의 일부가 다르고 무엇보다도 직제가 다르다. 근본은 같고 말단에서 다른 것이다.

1986년부터는 한국기독교 교회협의회^{KNCC}와 한국 천주교 주교회의가 함께 일치기도 주간을 준수하며 "한국 그리스도인 일치 기도회"를 드리고 있다. 2020년에는 1월 21일^화 천주교 광주대교구 쌍암동 성당에서 있었다. 천주교와 개신교가 그리스도 안에서 한 형제임을 확인하는 매우 의미 있는 자리다.

그런데 나는 이 기도회에 큰 아쉬움이 있다. 30년이 훨씬 넘는 기간 동안 예배가 아니라 기도회만 하고 있다. 성례전을 행하지 않기에 예배가 아니라 기도회다. 왜 성례전을 행하지 않는가? 서로가 서로를 구원받은 하나님의 자녀로 인정하지 않기 때문이다. "까짓것, 그냥 성례전을 행하면 되지 않느냐?" 할 수도 있지만, 신학적 문제, 교리적 문제, 신앙과 전통과 직제의 문제가 얽혀서 도무지 해법이 없다. 언제쯤이면 기도회가 아닌 예배를 할 수 있을까? 안타깝게도 기약이 없다. 그래도 기도회라도 할 수 있으니 감사한 일이다.

60_120mm

일용직 노동 현장에서 사람들을 만난다.

노동 현장에서 만나는 이들은 아픔이 많다.

그 아픔들을 노동하는 동안에는 잊을 수 있다.

노동하는 이들은 순박하다.

함께 일하다 보면 친해지고 친해지면 금방 자신의 부끄럽고 아픈 과거를 이야기한다.

서로의 이름도 모른다. 그저 하는 일과 어느 동네 사는 정도만 안다. 헤어지면 언제 다시 만날지 기약하지 못한다. 그래서 그렇게 자신의 부끄럽고 아픈 과거를 쉽게 이야기하는가 보다.

언제부터인지 노동 현장에 목사들이 많다. 생활고에 시달리는 작은 교회 목사들이다. 대리운전, 택배 노동 등도 많이 한다. 아무리 생활고에 시달리고 막노동을 해도 소명을 잊지 않는다. 목사에게 목사직은 거부할 수 없는 선물인가 보다.

900_1300mm

친구 목사님 교회가 창립 30주년이라고 온 교우들이 함께 만드는 십자가를 제작했다.

교우들이 작은 작품들을 하나씩 제출했다. 깊은 정성이 들어가서인지 하나하나가 작품이다. 나도 살짝 하나 끼워 넣었다.

740_1200mm

수원 농천교회가 예배당을 크게 건축하면서 십자가를 주문했다. 대예배당, 중예배당, 어린이실, 유치부실에 각각 어울리는 십자가를 배치했다.

교회의 상징이 십자가인데 대부분의 교회에 십자가가 너무 적다. 예배당 첨탑에 십자가, 예배당 정면에 십자가, 이렇게만 형식처럼 달려있다. 그것이 아쉽다. 가까이서 볼 수 있고, 손으로 만질 수도 있어 매우 친숙한 십자가를 만들고 싶었다. 그래서 만들어서 선물했다. 농천교회에 가면 이 십자가가 맞이해 준다. 〈교회의 십자가〉다.

* * *

벽은 안과 밖을 구별한다. 창과 문은 닫으면 벽이고 열면 들고 날 수 있다. 창과 문은 집을 세상과 구별하고 또 소통하게 한다.

교회는 세상과 구별되는 곳, 교회가 세상과 같다면 교회일 수 없다. 그러나 또한 교회는 세상 속에 있고 세상을 향해 있다. 교회의 구별과 소통을 십자가에 담았다.

영성

90_190mm

人生은 나그네길이라 하지만
정처 없는 나그네도 길을 가다 보면
머물고 싶은 곳이 있을 수 있고
어서 빨리 훅 지나쳐 버리고 싶은 곳도 있지

그러나
머물고 싶다고 해서 머물 수 있고
떠나고 싶다고 해서 떠날 수 있다면 어찌 나그네길이겠는가?
그것이 마음대로 안 되니 나그네길이라 했겠지

나그네도 길을 가다 보면 한눈에 반하여
사랑하고픈 임이 생길 수도 있을 것,
그래도 떨치고 가야 하니 나그네길 아닌가?
불행이란
나그네가 저 자신이 나그네인 줄 모르고 제 갈 길 버리고
주저앉고자 함이다
더욱 불행한 것은 저 온 길 되돌려서
추억 속의 고향 찾아가려 함이니
아! 어리석음인 줄 알면서도 나그네는 자꾸자꾸 머무르려 하고
되돌아가려 하는구나

머무를 곳 없고 갈 곳 없는 나그네니 걱정도 없으련마는
괴나리봇짐 가득히 근심 걱정 담아지고
무거운 발걸음을 옮기는구나

긴긴 인생길을 가는 외로운 나그네야
길을 가는데도 방법은 있느니라
이 방법 터득하면 그래도 수월하니 내가 방법을 일러주리

지나온 길은 되돌아보지 말 것이며 생각지도 말기로 하자

어디로 갈 것인가도 생각지 말고
그저 발 가는 대로 가기로 하자
무거운 괴나리봇짐은 던져 버리고 맨몸으로 가자
외롭다고 동행을 구하지 말자
그 사람도 어차피 제 길을 가야 하니
헤어짐의 아픔을 겪어야 하리라

거지 이야기

옛날에 한 옛날에 어떤 거지가 살았어요. 그 거지는 참으로 행복했답니다. 배고프면 얻어먹고 못 얻어먹으면 굶고, 배부르면 이것저것 많이 생각하고 생각하다 피곤하면 자곤 했습니다.

그 거지는 자기가 너무 행복하다고 생각했습니다. 그런데 한 가지 괴로운 일이 있었습니다. 바로 이라는 놈 때문입니다. 온몸을 기어 다니며 뜯어먹는 벼룩하고 비슷한 놈입니다. 이놈들이 시도 때도 없이 몸을 갉아 먹으니 가려워서 견딜 수가 없었습니다. 그래서 하루 종일 긁적긁적하는 것이 일이었습니다.

어느 날 밥을 실컷 얻어먹고 난 거지가 양지바른 곳에 누워서 잠을 자려 하는데 몸이 근질근질했습니다.

"옳지, 심심한데 이 사냥이나 해야겠다."

하고는 옷을 벗어서 이를 잡기 시작했습니다. 제일 먼저 눈에 띄는 커다란 이를 잡아서 손톱으로 꼭 눌러 죽이려 하는데 불쌍한 생각이 들었습니다. 이놈도 먹고살려고 세상에 태어났는데 이렇게 허망하게 죽일 수는 없다는 생각이 들었습니다.

90_190mm

그래서 뭐 좋은 수가 없을까 생각하다가 조그만 주머니를 하나 만들었습니다. 그 주머니에 이를 잡아넣기 시작했습니다. 밥 먹고 나면 주머니를 열어서 이를 풀어 놓아주었습니다. 이가 얼마를 뜯어먹고 나면 또 잡아서 주머니에 넣었습니다. 나도 하루 세 끼만 먹으니 너희들도 하루 세 끼만 먹으라는 심산이었습니다. 밥 먹고 하는 일이 매일 이 짓이었습니다.

이러한 일은 한 3년 계속되었습니다. 그러는 동안 이들은 훈련이 되어서 주머니를 열면 일제히 나가서 뜯어먹고 다시 모두 주머니로 돌아왔습니다. 이제는 하루 종일 몸을 극적이지 않아도 됩니다. 이들이 식사하는 잠시 동안만 참고 견디면 되었습니다. 그러고는 어느덧 이들과 정이 들어서 그놈들이 꼼지락거리는 것이 귀엽기까지 하였습니다.

어느 날이었습니다. 이들이 나와서 식사할 시간이 되었는데 몸이 가렵지가 않았습니다. 한참을 기다려도 아무 소식이 없었습니다. 거지는 주머니를 열어서 속을 살펴보았습니다. 그런데 이게 웬일입니까? 주머니 속에는 이가 한 마리도 없었습니다. 조그마한 편지가 한 장 들어 있었습니다. 편지를 꺼내어 읽어보았습니다.

"존경하는 거지님, 벼룩도 낯짝이 있다는데 벼룩보다 신사인 우리 이들이 어찌 거지님의 은혜를 모르겠습니까? 우리들은 거지님의 은혜에 보답하는 길이 무엇일까 곰곰이 생각해 보았습니다. 그리고 결론을 내렸습니다. 그것은 우리가 거지님의 몸을 떠나는 것입니다. 그래서 우리는 떠납니다. 안녕히 계십시오.

이 일동

추신 "다시는 돌아오지 않겠으니 찾지 말아 주십시오."

"허! 이런 기가 막힐 데가 있나. 내가 저들을 어떻게 키웠는데 이렇게 허망하게 떠나다니."

혹시나 떠나지 않고 남아 있는 놈은 없나 해서 거지는 옷을 벗어 샅샅이 살펴보았습니다. 그러나 한 마리도 보이지 않았습니다. 거지는 깊은 슬픔에 잠겼습니다. 배고파도 밥도 먹기가 싫어졌습니다.

"밥은 먹어서 뭐 해 먹여 살릴 이도 없는데…."

그럭저럭 또 3년의 세월이 흘렀습니다. 거지는 세상 사람들이 가정을 꾸리고 소위 지지고 볶고 하면서 살아가는 모습들을 한심하다고 생각했습니다. 그런데 자신은 정작 하찮은 이에게 정을 주고는 이렇게 슬퍼한다는 생각에 자신은 더욱 한심하다는 생각이 들었습니다.

거지는 언제부터인가 생각을 고쳐먹기 시작했습니다. 거지는 이제까지 오로지 '자유'하려고 하였습니다. 어느 누구와도 인연을 맺지 않고, 그래서 언제라도 새처럼 훨훨 날아갈 수 있게 말입니다.

그러나 이제는 혼자 자유로운 것보다 동행하는 사람이 있어 따듯함이 더 좋을 듯했습니다. 그래서 얼마 전에 이 거지도 장가를 들었답니다.

평소 자기를 좋아하던 여자 거지인데 못생긴 곰보였습니다. 이들이 떠나고 슬픔에 잠겨 며칠을 굶었을 때 이 여자 곰보 거지가 얻어 온 밥을 나누어주어서 먹은 적이 있었습니다. 그것이 인연이 되어 자주 밥을 나누어 먹었습니다. 그러고는 급기야 결혼하게 된 것입니다.

그런데 참으로 신기한 일이 다 있지요. 그 거지가 결혼하고 나니까 이들이 다시 찾아온 것입니다. 그래서 지금은 온몸이 굼실굼실한답니다.

거지는 가끔 결혼한 것을 후회하기도 한답니다. 전에 혼자 자유롭게 살 때가 그립기도 합니다. 특히 부부 싸움을 하고 나면 진짜 결혼한 것이 후회됩니다. 얼마 전에는 큰 부부 싸움이 있었습니다. 그리고 아내 거지가 떠났었습니다.

그때 혼자 있는 것이 얼마나 외롭고 힘든지를 확실히 알았습니다. 혼자 살 때는 몰랐는데 같이 살다가 혼자되니 너무나도 견디기 힘들었습니다. 그래서 그때 거지는 새로운 결론을 내렸습니다.

> "혼자 사는 것보다는 원수 같은 마누라하고라도 같이 사는 게 낫다."

라는 것입니다.

> "아이고 지겨워 웬 이는 이렇게 많은지….."

조선말 선비 황현이 나라 망함에 비통하여 자살하면서 남긴 글이 유명하다.

"가을 등불 아래 책을 덮고 옛일을 생각하니, 지식인이 된다는 게 참으로 어려운 일이로다. … 500년 선비를 키운 나라에서 나라가 망하는 날에 죽는 사람이 하나 없다면 어찌 통탄할 일이 아니겠느냐?"

황현이라는 조선 선비의 고결한 죽음 앞에 숙연하지 않을 수 없다. 낭만적인 죽음으로는 현해탄에 몸을 던진 윤심덕의 죽음이다. 1926년 윤심덕과 김우진이 현해탄 연락선에서 동반 투신 자살했다. 최초의 국비유학생, 최초의 여성 성악가, 대중가수, 아름다운 미모, 짙은 화장 등 유행의 첨단에 있던 여인이었다. 그녀를 연모한 숱한 남성들, 그중에는 사나이의 뜨거운 눈물을 한없이 흘린 이들이 있는가 하면 짝사랑의 괴로움이 병이 되어 죽은 이도 있다. 그가 작사하여 부른「사의 찬미」.

"광막한 황야를 달리는 인생아 너는 무엇을 찾으려 왔느냐 이래도 한세상 저래도 한평생 돈도 명예도 사랑도 다 싫다."

210_270mm

그녀는 그렇게 노랫말대로 죽음을 택했다.

1970년 11월 시대의 천민 전태일이 분신했다. 그의 죽음이 자살이라 하여 교회는 그의 장례를 거부했지만 또 다른 면에서 교회는 그를 '작은 예수'라 하면서 그의 죽음에 더할 수 없는 의미를 부여하고 그의 죽음이 거룩한 죽음임을 선포하였다.

전태일의 뒤를 이은 또 다른 수많은 작은 예수들이 민중의 해방과 조국의 통일, 민주 쟁취를 위해서 죽음을 택했다. 그들의 죽음에 대해서 어떤 이는 "죽음의 굿판을 집어치워라"라고 혹평하기도 하지만 현대를 사는 우리는 그들에게 너무 많은 빚을 졌다.

1987년 8월, 오대양이라는 종교집단이 집단 자살했다. 경기도 용인에 있는 오대양 용인공장 천장에서 32구의 시체가 발견된 것이다. 그들 자신은 어쩌면 순교라고 생각했을지 모르지만 무지와 광기의 황당한 죽음이었을 것이다.

1996년 1월, 가수 김광석이 자살했다. 당시 33세의 젊은 나이였다. 1,000회 넘는 라이브 공연을 했던 그다. 지금까지도 그의 노래를 사랑하는 이들이 적지 않다. 내가 아는 어떤 이는 "미치도록 김광석의 노래가 좋다"라고 토로한다.

2003년 8월 현대그룹의 정몽헌 회장이 투신했다. 모든 직장인들과 모든 자영업자들의 꿈인 재벌그룹 회장인 그가 자살했다. 그의 죽음은 사람들이 그토록 동경하는 엄청난 부가 행복이나 삶의 보람과는 별개라는 것을 보여준다. 자본주의가 이룬 허상의 탑을 보는 듯했다.

2008년 10월, 귀엽고 발랄한 여배우 최진실이 죽음을 택했다. 취중의 어떤 이는 화가 난 듯 외친다.

> "돈 있지, 예쁘지, 뭇 남성들의 사랑을 받지, 그런 년이
> 죽으면 우리는 어떻게 살란 말이냐?"

2009년 5월, 노무현 대통령이 서거했다. 도무지 권력과는 거리가 멀 것 같은 이가 권력의 정점에 있었다. 용케도 임기는 마쳤지만 전직 대통령이라는 지위도 감당키 힘들었던 모양이다. 대통령이었지만 누가 보아도 서민이었기에 서민들의 사랑을 듬뿍 받고 돌아갔다.

우리들은 대부분 죽음에 대해서는 수동적일 수밖에 없다. 그러나 때로는 죽음을 적극적으로 받아들이는 행위가 있는데 그것이 자살이다.

자살이 죄악시된 것은 기독교의 영향이지만 사실 자살을 죄악시하기에는 자살의 이유가 너무 다양하다. 때로는 도무지 어찌할 수 없는 마지막 선택일 수도 있다. 때로는 죽음보다 더 고통스러운 삶을 피하기 위한 것으로 동정의 여지가 있는 경우도 있다. 석가는 제자 박카리가 심한 병으로 자살을 생각하자 반대하지 않았다.

이 글이 '자살'로 시작했지만 진짜 내가 하고픈 이야기는 반대의 이야기다. '오래 살려는 것…' 나는 그것을 이야기하고자 한다.

21세기, 한국의 젊은이들은 죽음을 계획하고 늙은이들은 죽지 않으려고 안달한다. 매일매일 죽음의 신과 대화하고 흥정하는 젊은이들의 절망은 한때 나도 경험한 바다. 동병상련의 마음이 있어 위로하고 힘을 주고 싶지만 마땅히 할 말이 없어 그것이 안타깝다. 그러나 좀 더 오래 살고자, 죽음은 자신과는 전혀 관계가 없는 것으로 알고 오로지 관심이란 '건강'과 '웰빙'이 전부인 늙은이들을 보면 연민이 아니라 경멸의 마음이 든다. 종교인이라는 이들도 혹 죽을 병에서 회생하면 그것을 무한한 하나님의 은총으로 여긴다.

나는 오래전부터 어떻게 죽을까를 생각해 왔다. 죽음이 임박
한 내가 정신이 멀쩡하다면 어찌할까? 굶어 죽어야겠다. 굶어
죽는 것이 어려울까? 죽을 때가 되지 않은 사람이 억지로 굶는
다는 것은 그 무엇보다도 힘들겠지만 죽음의 그림자가 드리운
사람은 먹는 것이 굶는 것보다 더 힘들다. 몸이 이미 음식을 거
부하니 굶는 것이 더 쉽다. 굶으면서 몸이 작아진다. 몸이 작아
지는 만큼 맘이 커진다. 굶고 굶어서 가벼워진 몸으로 하늘에
오를 것이다.

롱펠로우의 「에반젤린」 이야기, 그 이야기를 함석헌은 『뜻으로 본 한국 역사』에 요약해 소개했다. 결혼식 전날 밤, 에반젤린과 가브리엘은 갑자기 들이친 군인들에 의해서 고향을 떠난다. 어지러운 중에 정신을 못 차리고 눈물로 갈라지게 되니 서로가 어디로 갔는지 알지 못했다. 그리고 서로를 찾아 나서는데 몇 해를 두고 찾아도 만나지 못했다. 한 번은 제각기 탄 배가 서로 올라가거니 내려가거니 스치고 지나가면서도 그런 줄을 모르고 지나갔다. 찾아갔더니 그는 또 자기를 찾으러 떠났다 하고, 다시 길을 돌려 풍문에 들리는 대로 굶으며 헐벗으며 더듬으며 넘어지며 사랑하는 사람을 찾아 헤매고 또 헤매었다. 그리 갔다 해서 찾아가면 바로 어제 떠났다 하고, 온다 해서 기다리다 기다리다 못해 떠나면 바로 그 뒤로 오게 되고, 이리하여 두 사람은 서로 찾고 찾으면서 종시 만나지 못하였다.

그러는 동안에 젊음은 늙음이 되고 만나리라는 희망은 절망이 되었다. 의탁할 곳도 없고 믿을 이도 없는 에반젤린은 어느 퀘이커 교도의 촌에서 주저앉게 되었다. 절망은 그녀를 단련시켰다. 못 이룬 세상의 사랑과 소망을 정화시키고 또 정화시켰다. 마침 그 지방에 심한 열병이 돌아 사람들이 죽어갔다. 에반젤린은 가는 이들을 위로하고 돌보고 눈을 감겨 주었다. 그러던 어느 날 들꽃을 한 아름 꺾어 들고 병실로 들어오던 에반젤린의

180_220mm

눈에 이제 마지막 숨을 넘기려는 한 노인에게서 젊은 가브리엘의 모습이 들어왔다. 에반젤린은 꽃이 자기 손에서 떨어지는 줄도 모르고 달려가 "오, 사랑하는 가브리엘!" 하고 끌어안았다. 가브리엘은 일어나려고 했으나 이미 그럴 힘이 없었다. 이름을 부르려 했으나 소리를 내지 못하였다.

가브리엘은 숨이 넘어가는 그 입술에 처음이자 마지막으로 사랑하는 사람의 키스를 받고 그 가슴에서 운명하였다. 모든 것이 끝났다. 모든 희망, 모든 기쁨, 슬픔, 고통이 다 끝이 났다. 에반젤린은 다시 한번 죽은 애인의 얼굴을 가슴에 안으며 "아버지여, 감사하옵니다!" 하였다.

함석헌은 인류의 역사를 에반젤린과 같다고 하였다. 역사란 이런 것인가? 삶이란 이런 것인가? 사랑이 이런 것인가? 그렇다. 고난이 아닌 역사는 없다. 기구하지 않은 삶이 어찌 삶이겠는가? 아프지 않은 사랑은 사랑이 아니다.

함석헌은 에반젤린 이야기에서 역사를 보았지만 나는 엉뚱하게도 '감사'를 보았다. 평생을 그리워하고 찾아 헤매었지만 그것을 허락지 않으신 하나님, 그러나 마지막 죽음의 문턱에서라도 사랑하는 이를 품에 안을 수 있게 하신 아버지께 에반젤린은 무한한 감사를 올린다.

"아버지여, 감사하옵니다!"

130_335mm

길을 간다
내가 가지 않아도 길이 온다
스쳐 간 사람은 많은데 인연으로 남는 이 적다

내가 가는 길이 옳은 길인지 모르겠다
지름길인지 돌아가는 길인지

같은 길로 알았는데 아주 멀리 멀어진 길도 있더라
갈라진 길인데 종래에는 합쳐지는 길도 있더라

150_230mm

번뇌를 태울까
인연을 태울까

아서라
번뇌라는 것이 나요
인연도 나다

늘 버린다고 하지만 남는 것이 있다
내 얼굴이 붉다

95_140mm

아이들은 무지하고
젊은이들은 갈 바를 알지 못하고
늙은이들은 욕망에서 벗어나지 못한다

아파야 한다
죽도록 아파야 한다

아이들은 앓고 나면 부쩍 큰다
젊은이들은 앓고 나면 새로운 꿈을 꾼다
늙은이는 앓고 나면 거룩해진다

꿈을 꾸자

하나님이 꾸어주시는 꿈
하나님으로부터 꾸어온 꿈

무엇인가를 이루고자 하는 꿈이 아니라
맑고, 깨끗하고, 거룩한 꿈
미망에서 벗어나고자 하는 꿈

140_280mm

내가 저 별님께 갈 수 있을까?
나는 가지 못하더라도 별님은 희미한 그리움으로 내게 오신다

달님께 갈 수 있을까?
나는 가지 못하더라도 달님은 은은한 연민으로 내게 오신다

해님께 갈 수 있을까?
나는 가지 못하더라도 해님은 강력한 열기로 내게 오신다

주님께 갈 수 있을까?
나는 가지 못하더라도 주님은 무한한 사랑으로 내게 오신다

늘~ 그랬다

150_450mm

장자가 대붕과 뱁새 이야기를 한다.

> "붕새가 남쪽 바다로 날아갈 때는 파도를 일으키기를 3
> 천 리, 회오리바람을 타고 오르기를 9만 리, 그런 뒤에
> 야 6월의 대풍을 타고 남쪽으로 날아간다. … 그러니
> 이 조그만 날짐승들이 어떻게 대붕의 비상을 알랴, 작
> 은 지혜는 큰 지혜에 미치지 못하고, 짧은 수명은 긴 수
> 명에 미치지 못한다."
>
> 『장자』 소요유 중에서

이 부분만 보면 대붕과 같은 장자의 큰 뜻을 뱁새 같은 세상
의 소인배들은 알지 못한다는 이야기다. 그러나 더 중요한 이야
기는 다음 이야기다.

> "뱁새가 깊은 숲속에 둥지를 짓는다 해도 불과 나뭇가
> 지 하나면 족하고, 두더지가 강물을 마신다 해도 그 작
> 은 배를 채우는 데 불과하오. 자, 그대는 돌아가 쉬시
> 오. 내게 천하란 아무 소용도 없소."
>
> 『장자』 소요유 중에서

장자는 대붕으로 살지 않고 뱁새나 두더지로 살겠다고 한다. 대붕은 그 뜻은 원대하지만 매우 불편한 삶이다. 한번 비상하기 위해서는 회오리바람을 일으켜야 하고 6월의 대풍을 기다려야 한다. 반면 뱁새는 이 가지 저 가지를 맘껏 오가는 자유로운 삶이다.

그래서 장자는 뱁새로 살겠다는 것이다. 그러나 뜻도 뱁새는 아니다. 뜻은 대붕의 뜻을 품고 삶은 자유로운 뱁새의 삶을 살겠다는 것이 장자다. 오히려 붕새의 뜻을 품은 사람은 뱁새의 삶을 살아야 한다. 높은 하늘을 날며 세상을 보는 붕새에게 부와 권력을 탐하는 것은 올빼미가 썩은 쥐 움켜잡고 빼앗길까 염려하는 것에 지나지 않는다.

장자가 추구하는 삶이 어려운 삶일까? 붕새로 살겠다고 할 때 어려운 것이지 뱁새로 살겠다는데 무엇이 어렵겠는가? 절대 다수의 사람들은 뱁새로 살아간다. 그러나 몸은 비록 뱁새로 살지만 뜻도 뱁새로 살라는 법은 없다. 뜻은 온 우주를 품어야 한다. 예수께서는 우리에게 하나님의 자녀로 살라고 하신다. 석가는 해탈 성불하라고 하신다. 공자는 군자가 되라고 하신다. 그게 대붕으로 사는 것이다.

본래 하늘은 주인이 없다. 저 넓은 바다도 주인이 없다. 우주 가득히 박혀있는 저 별들도 주인이 없다. 그러니 누구든지 저 하늘을 자신의 정원 삼고 하늘 가득 별들과 휘영청 보름달을 장

신구 삼아 살아갈 수 있다.

　세상의 민초들이여, 우리가 비록 뱁새로 산다 하더라도 붕새의 이상을 가지고 살자. 하나님의 자녀로 살자. 생각도 뱁새일 때 한없이 착취당하고 짓밟히는 것이지 커다란 이상을 품고 하나님의 자녀로 살면, 아! 한없는 자유가 거기에 있지 않겠는가?

* * *

　정치적 天子가 천자가 아니다. 민초가 민초가 아니다. 하나님의 자녀로 사는 이가 천자다. 신분은 비록 민초이지만 천자로 살아가는 이의 당당함을 십자가에 담고 〈당당한 십자가〉라 이름하였다.

60_60mm

그냥 사랑해야 사랑이다.
사랑에는 목적이 없다. 그냥 사랑한다.

왜 예수를 믿는가?
혹자는 "구원받기 위해서"라 하고
혹자는 "복 받기 위해서"라 하는데
예수를 믿음에는 이유가 없다. 목적도 없다. 그냥 믿는다.

왜 사는가?
역시 그냥 산다.
삶에 목적이 있다면 그 목적이 삶보다 중요하다는 이야긴데
세상에 삶보다 더 중요한 것이 어디 있겠는가?

혹자는 '하나님의 영광'을 위하여 산다고 하는데
"하나님께 영광을…." 하면서
인생에 계획을 세우고 어쩌고 하는 것은
많은 경우 자신의 욕망을 그렇게 표현한 것이다.
아시는가? 사람이 사람답게 살다 보면
그것이 그냥 하나님께 영광인 것을~

정말 중요한 것은 그것 자체가 목적이지
다른 것이 있을 수 없다.
그래서 "그냥"이다.

왜 이렇게 만들었는가?
"그냥"

용은 새끼를 낳지 않는다. 미꾸라지가 용 되고 뱀이 용 된다. 날 때부터 용은 없다. 있어서도 안 된다. 그리고 용은 대하장강에서 나지 않는다. 개천에서 나고 연못에서 난다. 역사의 인물 중 대단한 위인들이 대단한 가문에서 난 이들이 별로 없다. 가장 대표적인 인물이 예수, 석가, 공자다. 이분들이야말로 개천에서 난 용이다.

공자의 출생은 매우 초라하다. 공자의 아버지 공숙량흘이 70세에 16세의 어린 소녀 안징재와 野合^{야합}하여 났다. 野合이란 짐승이 들에서 교접한다는 말이다. 이렇게 출생한 이가 공자다.

석가가 어느 날 아버지가 성주로 있는 카빌라성에 갔다. 하룻밤을 묵고 다음 날 빌어먹으러 나섰다. 그때 석가의 아버지 정반왕이 앞을 가로막으며 말한다. "내가 이 성의 성주이고 네가 내 아들인데 네가 어찌 빌어먹을 수 있겠는가?" 석가 답하기를 "나는 아버지가 없다." 하였다. 석가는 귀족의 집안에서 태어났지만 스스로가 그것을 거부하고 탁발하는 거지가 되었다.

예수는 어떠한가? 마태복음 1장에 나오는 화려한 족보는 예수의 족보가 아니라 의붓아버지 요셉의 족보다. 예수는 마리아의 아들, 마리아는 어느 가문 사람인지, 누구의 딸인지 모른다.

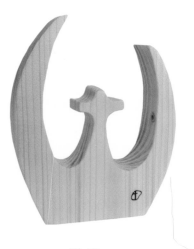

150_190mm

예수는 아비 없이 근본을 모르는 마리아라는 여인에게서 난 천민 중의 천민이었다.

공자, 석가, 예수의 형편이 이러한데 그분들을 따른다는 이들이 신분 질서를 만들어냈다는 것이 괘씸하다. 세상의 미꾸라지들이여 혹 누가 너의 천함을 조롱하거든 부끄러워하지 말고 너의 천함을 당당히 드러내라. 네가 있는 연못, 네가 있는 개천에서 힘껏 차고 올라 용이 되어라. 그리고 역사를 만들어라.

230_390mm

밥상을 앞에 두었는데 밥그릇 가득 밥알 하나하나가 모두 생명이다. 멸치 한 마리가 그대로 생명이고, 김치 한 조각이 생명이고, 고기 한 점이 생명이다. 과연 내가 이 음식을 먹을 자격이 있을까?

그 후로 나는 식탐이 사라졌다. 음식의 질을 따지지 않는다. 무엇이든 주어지면 회개하는 마음으로 씹고 기도하는 마음으로 삼킨다.

150_260mm

산사에서 오랫동안 수행하며 많은 제자를 길러낸 고승이 모처럼 탁발수도를 나섰다. 얼굴에는 광채가 있고 그 걸음걸이는 기품이 있었다. 그의 뒤를 두 명의 제자가 따르고 있었다. 그 고승이 대갓집 문 앞에서 밥 빌어먹기를 청했다. 그런데 그 집 하인이 마침 심사가 뒤틀렸던지 문을 박차고 나와 그 고승을 개 패듯 두들겼다. 물론 말리던 제자들도 흠씬 두들겨 맞았다. 이유 없이 매 맞아 씩씩거리는 제자들을 향해서 실컷 두들겨 맞은 고승이 말한다.

> "내가 이제 중이 된 듯하네. 중이라면 마땅히 매 맞는
> 천민이어야지."

수행하는 중이 존경만 받아서야 어디 수행자겠는가? 때로는 멸시와 천대도 받을 수 있어야지. 예수님은 제자들에게 한없는 존경을 받으신 분이지만 참 수모도 많이 당하신 분이다. 바울 선생님도 제자들에게는 한없는 존경을 받는 분이었지만 수없이 매 맞고, 쫓겨나고 도망 다니는 수모를 겪고 결국은 순교하셨다.

산속 고승이 산속에만 있다면 무슨 소용인가? 세상에 내려와서 설법을 하든지 천하게 매 맞든지 해야지. 참 설법을 하면 매

맞게 되어 있다. 목사가 대접만 받으면 무슨 목사인가? 수모당하고 쫓겨나기도 해야지. 대접만 받으면 어떻게 천국에 가겠는가? 참말을 해야지. 참말하고 그 대가로 멸시 천대 받고는 "주님도 이렇게 멸시 천대를 당하셨지" 하면서 즐거워 할 수 있어야지.

내가 몇 년 어간에 진짜 목사가 되는 듯하다. 전에는 내가 수모를 당한 적이 거의 없었는데 언제부터인가 수모를 당하고 산다. 내 주변에서 나를 바라보는 눈길 중에 멸시와 천대의 눈길이 느껴진다. 전 같으면 자존심 꼿꼿하게 세우고 말 펀치를 날렸을 것인데 그만두고 그냥 수모를 묵묵히 견디고 있다. 바울 선생이 당한 수모, 예수님이 받은 수모를 생각해서 나도 수모당하는 것이 당연하다는 생각에 감수하고 있다.

누가 나에게 수모를 줄까? 나는 분명히 수모를 느끼고 있는데 사실은 아무도 나에게 수모를 주지 않는다. 나 스스로가 수모를 당하고 있다. 열등감이다. 전에는 그 열등감을 객기로 극복했었는데 나이가 들다 보니 객기를 부릴 수도 없고…. 내 열등감이 나에게 한없는 수모를 준다.

열등감이라는 것은 참 더럽다. 사람을 한없이 초라하게 만들고 비굴하게도 만들며 때로는 과격하고 폭력적이게도 한다. 쓸데없이 고집도 부리고 때로는 열등감이 큰 만큼 오만해지기도 한다. 언제쯤 이 더러운 열등감에서 벗어날까?

공자는 "나를 알아주는 사람이 없구나! … 하늘을 원망치 않고 사람을 탓하지 않겠다. … 나를 알아주는 이는 하늘이구나!"논어 헌문 37장라고 자위했다.

나도 공자처럼 "하나님이 알아주시면 되지!" 하고 위안받을 수도 있겠지만 참 영악하게도 나는 공자의 이 말에서 열등감에 몸부림치는 공자의 모습을 상상한다.

나는 나의 열등감을 오랫동안 극복하지 못할 것 같다. 그러면 어찌해야 할까? 오히려 내 열등감이 만들어내는 수모를 즐겨야겠다. 이러한 내 모습을 보시고 주님이 불쌍히 여기실 것 같다. 나는 감히 하나님이 알아주시는 것을 기대하지 않는다. 그저 하나님께서 불쌍히 여겨주심을 바라고 있다.

210_270mm

십자가, 여인들, 무덤, 그리고 새벽 미명.

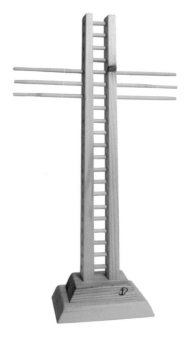

200_360mm

나 하늘에 오르리라
어찌 사다리 타고 하늘에 오르랴마는
그 사다리가 십자가라면 오를 수 있으리

130_210mm

수많은 지천들이 모여 강이 된다
강이 흐르는데 개가 짖는다고 흐름을 멈추던가?

내 인생에 훅~ 끼어드는 이
그저 조용히 스쳐 가는 이
강한 상처를 내고 가는 이
오랫동안 동지로 함께 하는 이
도무지 밀어낼 수 없는 운명과 같은 이
다가갈수록 멀어지는 이

......

그래도 나는
내 길을 간다

강은 흐른다
역사도 흐른다
나도 흐른다

100_90mm ~ 170_260mm

이것저것 만들다 보니 남는 나무가 있다. 남는 나무를 이리 맞추고 저리 맞추어 이 십자가들을 만들었다. 일부러 도안하려면 나오기 어려운 독특한 모습들이다. 이런 생각이 들었다.

"아! 너는 남는 나무로 만든 것이 아니라 네가 있기 위해서 전에 것들을 만들었구나."

"내 손에서 태어난 네가 참 고맙다."

280_500mm

자신의 신비체험, 자신의 깨달음을 절대화할 때 매우 위험하다. 청빈과 순결, 순종의 존경할 만한 삶을 산 이들이 수도사들이었지만 역시 중세 마녀사냥과 이단 박멸의 선봉에 섰던 이들도 수도사들이었다. 그들의 너무 분명한 자기 확신이 무고한 이들을 마녀로 판단하고, 이단으로 몰아 죽였다. 그들은 신에 대한 열정이 너무 대단하여서 인간을 너무 하찮게 보았는지도 모를 일이다. 죄인이라 판단되는 이들에게는 가차 없는 죽음을 선고했다. 강한 영성이 강한 폭력이 된 것이다. 그건 신앙이 아니라 무지와 광기였다. 아니 오히려 악마였다.

오늘날에도 이단과 사이비 연구에 열을 올리는 이들이 있다. 이단을 연구하고 그들을 공격한다고 하면서 자신의 추함과 천박함을 감추려는 얄팍한 수가 들어있다. 그렇게 자신은 정통이라, 진리에 속한 이라는 착각을 하고 있다. 이단, 사이비를 연구한다고 하는 이들 중에 존경할 만한 인물을 보지 못했다.

관계

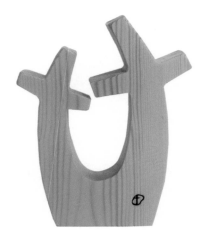

150_183mm

아비의 십자가 자식이 대신 질 수 없다.

아비의 십자가 자식이 대신 질 수 없다.
자녀의 십자가 부모가 대신 질 수 없다.
남편의 십자가 아내가 대신 질 수 없다.
아내의 십자가 남편이 대신 질 수 없다.

십자가는 대신 질 수 없지만
서로가 서로의 십자가를 잘 감당할 수 있도록
힘이 되어줄 수는 있다.

서로 십자가 | 93

150_150mm

친구 목사의 아내가 죽었다
자녀가 여럿이다

다 장성했지만
장애 아이가 있다

그대는 죽을 수 없네
마땅히 돌보아야 할 이가 있으니

230_230mm

나와 다른 환경, 나와 다른 분위기, 나와 다른 가치관…
그들이 나보다 낫다고 생각할 때 신비고 동경의 대상이다.
나보다 못하다 생각할 때 천박하다 하고 야만적이라고 한다.

21세기,
세계는 무척 가까워졌다.
더 이상 신비일 수 없고 야만일 수 없다.

그런데 아직도 다른 나라, 다른 문명, 다른 인종을 야만적이고
원시적이라고 비하하는 야만인들이 있다.

내 딴에는 이질적인 십자가를 만들고 〈먼 나라 십자가〉라 이
름지었다.

150_300mm

나 어렸을 때

나는 작은 사람

청년의 때 아주 잠깐

나는 내가 큰 줄 알았다

처자식이 생긴 후

초라한 내 모습에

나는 작고 또 작아졌다

이제 좀 커질 수 있을까?

그럴 수도 없고

그럴 맘도 없다

......

큰 그릇이라도 똥바가지가 있고

작은 그릇이라도 간장 종지가 있다.

작지만 자존심 센 간장 종지가 될까?

작지만 단단한 차돌멩이가 될까?

작으면서도 가벼운 깃털이 될까?

에이, 모르겠다

지금의 내 모습이 어찌 내 맘대로 이리되었나?

사회

237_347mm

우리 민족은 문화민족이다. 그런데 무슨 근거로 우리가 문화 민족인가? 한글이 있기 때문이다. 현재 지구상에 존재하는 민족 중에 말이 없는 민족은 없다. 그러나 글이 없는 민족은 많이 있어 남의 글을 빌려 쓰고 있다. 말은 3천~8천여 개가 있으되 글은 80여 개밖에 없다. 글이 없으면 결코 문화민족이라 할 수 없다. 글이 없으면 지식의 축적이 되지 않아 높은 문화가 형성될 수 없다. 내 글이 없으면 미묘한 감정 전달이 어렵고, 문학적 감성을 표현할 수 없다.

단재 신채호는 1135년의 묘청의 난을 '조선 역사상 1천 년래 제1대 사건'이라고 극찬하였지만 나는 '조선 반만년 역사의 제1대 사건'으로 1443년 세종대왕의 한글 창제를 들고 싶다. 세종대왕이 한글을 창제하시고 1446년 반포하심으로 우리 민족은 문화민족이 되었다. 그동안 우리말은 있었으되 글이 없어서 한문을 빌려 썼다. 그런데 우리말이 중국어와 달라 한문으로는 표현에 한계가 있었다.

한글이 창제되고 반포되었으되 안타깝게도 한글은 별로 사용되지 못하였다. 한글의 사용에 반대가 극심하였으니 뿌리 깊은 사대사상이 그 원인이다. 당시 집현전 부제학 최만리의 반대 요지 여섯 가지 중 두 가지만 살펴보면,

"첫째, 대대로 중국의 문물을 본받고 섬기며 사는 처지에 한자와는 이질적인 소리글자를 만드는 것은 중국에 대해서 부끄러운 일이다. 둘째, 한자와 다른 글자를 가진 몽고, 서하, 여진, 일본, 서번^{티베트} 등은 하나같이 오랑캐들뿐이니, 새로운 글자를 만드는 것은 스스로 오랑캐가 되는 일이다."라고 했다.

그때 그 당시에는 어쨌든지 오늘날 우리의 입장에서 보면 그 이유라는 것이 참으로 황당하다. 최만리의 이러한 생각이 당시의 지식인들에게는 보편적인 생각이었던 모양이다. 그러던 것이 우리나라에 선교사가 들어오기도 전인 1880년에 성경이 한글로 번역되었다. 1,500년 한국 불교의 역사에 불경이 한글로 번역되지 않았는데, 2,000년 한국 유교의 역사에도 유교 경전이 한글로 번역되지 않았는데 기독교는 이 땅에 선교사가 들어오기도 전에 이미 한글 성경을 출판하였다. 이로써 기독교는 한글을 살려냈고 한글은 복음을 모두에게 전파해 주었다. 기독교는 한글을 살려냈을 뿐만 아니라 그 한글로 우리 민족에게 전혀 새로운 큰 사상인 기독교를 담아냈다. 한글을 살려내고 그 안에 큰 사상을 담아냈으니 우리 민족의 정신을 살려냄이요 우리 민족을 문화민족이 될 수 있도록 한 결정적인 역할을 한 것이다. 그래서 나는 '조선 반만년 역사의 제2대 사건'으로 주저하지 않고 기독교의 전래와 한글 성서의 편찬을 들고 싶다.

한국기독교의 과제는 시대마다 달랐다. 초창기에는 '계몽'이었다. 무지와 미신으로부터 탈피하고 근대화된 서구를 따라야 나라와 민족이 산다고 했다. 우리 선각자들은 그것을 위해서 기독교를 택했다. 그것이 어느덧 신앙이 되었다. 거기에 '영혼 구원, 민족 구원'이 추가되었다. 그 과제는 오늘날까지 변함없는 과제이다.

일제강점기, '조국 해방'이 중요하고 또 중요한 과제였다. 해방과 분단 이후에는 엉뚱하게도 '반공'이 큰 과제였다. 오늘날까지도 많은 이들이 거기서 헤어나지 못하고 있다. 이승만 독재, 군부 독재시대에는 '민주화'와 '통일'이 과제였다. 그 외에도 인권문제, 노동문제, 환경문제 등도 빼놓을 수 없는 과제였다. 그 과제들을 일부 기독교인들이 정말이지 혼신의 힘을 다해서 수행하였다. 한국기독교의 자랑스러운 모습이다.

언제부터인지 인권운동, 환경운동, 노동운동, 빈민운동, 농민운동 등이 교회로부터 독립해 나갔다. 인권문제는 이제 국가인권위원회가 만들어졌다. 환경운동은 시민운동이 되었고 전문가들이 수두룩하다. 노동운동은 더욱 그러하다. 교회가 뿌린 노동운동의 씨앗은 이제 거목이 되었다. 노동자 조직이 엄청나게 발전했고 전문화되었다. 이제는 교회가 노동자들에게 도움을 주

153_250mm

겠다고 하면 "너나 잘해라" 할 것이다.

한국교회가 교회의 중요한 과제로 생각하고 헌신했던 일들이 이렇게 교회의 손을 떠났다. 남은 것은 통일운동이다. 물론 통일 운동도 시민운동이 되고 전문가들이 생겼지만 아직도 통일 운동에는 족쇄가 채워져 있어서 시민운동만으로는 한계가 있다. 그러나 통일운동도 서서히 교회의 손을 떠난다. 예측했던 일이고 바람직한 일이다.

이제 정말 한국교회가 해야 할 과제가 무엇일까? "평화!" 한반도의 평화는 물론 동북아시아의 평화, 세계 평화를 위한 노력이다. 한국교회뿐 아니라 전 세계 교회가 영원히 매달려야 할 과제다. 기독교 교회뿐 아니라 세계 모든 종교가 추구할 과제다. 종교뿐 아니라 모든 지성인들이, 양심 있는 모든 이들이 뜻을 모아야 할 일이다.

"한미 연합 군사훈련을 중단하라!"
"무기 수입, 무기 개발, 무기 수출을 중단하라!"
"국방비를 줄여라!"
"평화의 담론을 크게 확산시키자!"

163_250mm

동성애를 합법화하자는 말은 하지 않겠다. 동성애가 좋다는 것은 더욱 아니다. 아주 오래전부터, 인간이 처음 세상에 나왔을 때부터 동성애는 있었다. 동성애가 부끄러운 것도 아니었다. 그리고 동성애자가 매우 많았더라면 동성애는 평범한 일로 여겨졌을 것이다.

이성애자에게 동성의 누군가가 사랑을 고백한다면 심히 당황이 되는 일이다. 자신과 관계없는 동성애도 "어떻게 그럴 수 있을까?" 하고 감정적 동조가 되지 않는다. 다수의 이성애자들에게 소수의 동성애자들은 이방인이다. 소수이기에 약자다. 그래서 마음 놓고 흘겨볼 수 있다. 다수의 소수에 대한 횡포다.

아주 오래전, 누군가에 의해서 신화가 만들어졌다. 그중 동성애 이야기들이 있다. 그 누군가가 태양신 아폴론을 동성애자로 표현했다. 아폴론이 히아킨토스라는 청년을 사랑했다. 아폴론이 던진 원반을 향해 달려가던 히아킨토스는 돌에 부딪혀 튀어오르는 원반에 맞아 죽고 말았다. 큰 슬픔에 빠진 아폴론이 그를 꽃으로 만들었다. 그 꽃에 자신의 안타까움도 새겨 넣었다. 그 꽃이 히아킨토스^{히아신스}다. 아폴론은 파이스라는 청년도 사랑했다. 그 청년의 이름에서 '파이도 필리아^{남색}'라는 말이 만들어졌다. 아폴론은 자신의 아들 퀴크노스를 사랑했다. 자신을 향한 아버지의 동성애를 감당하지 못한 퀴크노스는 호수에 몸을 던졌다. 그리고 백조가 되었다.

신화 속에서 동성애는 비극으로 끝난다. 신화조차도 동성애를 용납하지 않는 것이다. 해피엔딩으로 끝나는 경우도 있다. 그러나 동성애로서 해피엔딩이 아니다. 그것은 신의 은총으로 성전환이 되어서 가능했다. 性이 바뀐 이피스가 신들에게 제물을 드리며 말한다.

"처녀로서 약속드렸던 이피스의 제물을 청년이 된 이피스가 드리나이다."

신화 속의 동성애도 불행하지만 현실 속의 동성애자들은 더욱 불행하다. 「백조의 호수」로 유명한 차이콥스키가 동성애자였다. 자신의 조카를 사랑했다. 그 사랑은 이루어질 수 없는 사랑, 이루어질 수 없는 사랑이기에 슬프다. 사랑이 깊을수록 슬픔도 깊다.

차이콥스키가 「인형의 집」을 쓴 입센을 만났다. 입센도 동성애자였던 모양이다. 차이콥스키가 입센에게 말했다.

"우리는 슬픔을 바닥까지 아는 사람들이오."

　그들의 슬픔을 죄악이라 하지 말자. 그들의 슬픔을 추하다고 하지 말자. 그들이 − 자신들의 슬픔이 너무도 억울해서 − 슬픔이 아니고자 하는 몸부림을 비웃지는 말자. 그들의 깊은 슬픔이 더 이상 슬픔이 아니기를….

400_1500mm

경북 성주 소성리, 거기에 미군의 사드 기지가 있다
그건 공격용도 아니고 방어용도 아니다
내 몸 한반도에 깊숙이 박혀있는 비수다
그 비수를 뽑겠다고
내 친구 강형구 장로와 백창욱 목사가 거기에 있다

어느 날,
강형구 장로가 십자가를 만들어달랬다
투쟁 현장에서 높이 들겠단다
모세의 지팡이처럼 사용하겠단다
날렵하게 만들었다
가볍게 만들었다
튼튼하게 만들었다
내 몸 한반도에 비수로 박혀있는 사드에
비수가 되어 박히라고 그렇게 만들었다

440_730mm

1980년 맑고 화창한 5월, 휴교령으로 인한 기약 없는 방학, 좋은 날씨와 방학의 유혹을 거부할 수 없었던 나는 자전거 하이킹을 즐기고 있었다. 길가 구멍가게 흑백 TV, 검은 바탕 흰색 고딕 글씨.

"지금 광주에서는 대규모 소요사태가 일어나고 있다."

광주는 피를 토하고 있을 때, 나는 '화려한 휴가'는 아닐지라도 화창한 봄날과 젊음을 즐기고 있었다.

폭력이 너무 거셀 때에는 양심의 소리도 위축될 수밖에 없다. 세상을 떠들썩하게 울리던 대규모 함성은 피 울음이 되어 가슴속 깊이 한으로 응어리졌다. 그리고 그 한이 너무 커서 견딜 수 없는 이들이 잇따른 焚身분신으로 저항했다.

* * *

이 십자가에 그림은 화가 김혜영 님이 그렸다.

사진: 임재근
200_410mm

죽음은 가장 거룩한 모습이어야 한다. 마땅히 그래야 한다. 그러려면 가는 이의 자세가 그래야 한다. 살았을 때는 개처럼 살았다 하더라도 죽을 때는 사람의 모습이어야 되지 않겠는가?

사람은 마땅히 사람답게, 거룩하게 죽어야 한다. 죽은 이 보내는 이도 거룩하게 보내야 한다. 거룩함을 거룩하게 대하지 못함은 스스로가 사람의 모습을 잃는 것이다.

사람을 때려죽이고, 고문해서 죽이고, 굶겨 죽이고 집단으로 학살하는 것은 사람을 사람으로 죽이지 않는 것이다. – 그래서는 안 되지만 – 혹 피치 못하게 사람을 죽여야 하더라도 사람답게 거룩하게 죽여야 한다. 죽은 이, 죽어가는 이를 보고 조롱하고 웃고 하는 것은 사람의 모습이 아니다.

죽은 이 보내는 것을 슬픔 속에 보내야 될까? 죽은 이 보내는 것은 슬픔보다는 거룩함과 경건함으로 보내야 한다.

* * *

한국전쟁이 발발한 1950년 6~7월, 대전광역시 동구 낭월동 골령골에서는 대한민국 군경에 의하여 4,000명~7,000명이 집단 학살당했다. 70년이 지난 오늘^{2020년 10월} 숱한 우여곡절을 거쳐서 유해 발굴이 진행되고 있다. 유해는 마구 섞여 있다. 시체를 구덩이에 무작위로 집어넣고 흙으로 덮었다. 70년의 세월은 무심하다. 현장에는 그냥 흙 반 뼈 반이다.

왜 죽였는지, 어떻게 죽였는지, 누가 죽였는지를 말하지 않겠다. 아는 이들은 이미 알고 있다. 모르는 이들은 자신의 무지와 무관심을 탓해라.

신학

200_410mm

예수에 대한 이해는 시대마다 달랐다.

기독교 초기의 예수는
전권을 가지고 양과 염소를 구분하는 심판자

중세시대의 예수는
세상의 죄를 온몸에 짊어진 고난 받는 종

근대에는
뭇사람들의 사랑을 독차지하는 인류 최고의 미남이며 인류
최고의 슈퍼스타

현대에는
눌린 자, **빼앗긴** 자, 우는 자의 해방을 위해 불꽃처럼 살다간
체 게바라 같은 혁명 투사

20세기를 거쳐 21세기를 살아가는 나는
시대의 세례를 받아 〈해방자 예수〉를 바라본다

250_290mm

"좁은 문으로 들어 가거라. 멸망에 이르는 문은 크고 또
그 길이 넓어서 그리로 가는 사람이 많지만 생명에 이
르는 문은 좁고 또 그 길이 험해서 그리로 찾아 드는 사
람이 적다." 마 7:13-14

구원에 이르는 길이 좁고 험할 리 없다. 누구나 갈 수 있는 길
이어야 한다. 한때는 구원의 길이 참으로 힘들고 어려운 길로
여겨졌었다. 율법을 지켜야 하고 계단을 무릎으로 올라야 했으
며 금식하며 고행해야 했다. 일체의 소유를 버리고 오로지 진리
를 향하여 비상해야 했다. 참으로 극소수의 사람만이 구원에 오
를 수 있었다. 그러나 그럴 수 없다. 누구나 갈 수 있고 누구나
가야 한다. 그런데 그 문이 좁고 험한 길이라니?

자본주의 가치관이 판치는 시대에 가치관을 달리하는 소수로
살라는 것이기에 좁고 험한 길이다. 섬김을 받고자 하는 삶이
아니라 섬기는 삶이니 어려운 길이다.

200_410mm

"높이 오른 그대는
어찌 그리 높이 올라갔소?"

"기다림이 지극하니 절로 올라왔다오"

"그대가 기다리는 임은 안 오신다던데…"

"안 오시는 줄은 나도 알지요
마땅히 기다려야 하기에 기다릴 뿐"

"아!
기다리는 그대,
그대의 모습 속에서
당신이 기다리는 임을 보았소"

150_300mm

　베데스타 연못의 물이 움직일 때 제일 먼저 들어가는 이는 무슨 병이든지 낫는다고 한다. 아무런 소망이 없는 이들이 신비한 힘에 기대를 걸고 그곳으로 모였다. 거기에 38년 된 중풍 병자도 있었다.

　정말 베데스타 연못이 동할 때 제일 먼저 들어가는 이의 병이 나을까? 헛소문이고 환상일 뿐이다. 낫는다 하더라도 그 38년 된 중풍병자에게는 기회가 없다. 제힘으로 들어갈 수 없는데 어쩌겠는가?

　옛날은 물론 오늘날에도 숱한 구원의 환상들이 존재한다. 지금 우리가 금과옥조처럼 생각하는 것들이 대체로 구원의 환상들이다. 베데스타 연못 이야기는 안식일 법이 구원의 환상임을 밝히심에 그 뜻이 있다.

　하나님에 대한 숱한 교리와 철학적 논증들, 각종 신앙고백들은 진리가 아니다. 존중할 것이지 꼭 받아들여야 할 것은 아니다. 진리로 강요될 때는 이미 진리로서의 겸허함을 상실한 것이다.

　오늘날 구원의 환상은 돈, 안정된 직장, 첨단 의료 장비와 기술, 미국, 과학기술, 권력, 이념 등이다. 특히 눈부신 발전을 거듭하는 과학기술의 시대, 많은 이들이 과학기술에 소망을 둔다. 막연하나마 거기에 구원이 있을까 하고 기대한다. 그러나 그리스 신화에 등장하는 최고의 匠人^{장인} 다이달로스, 그는 주문자의 의도를 묻지 않는다. 주문자가 주문하는 대로 만들면 그만이다. 오늘날 과학자들도 역시 그러하다. 핵무기를 비롯하여 온갖 무기를 만들고 생명의 고귀성을 깨뜨리는 생명복제 등도 서슴지 않는다. 技術^{기술}은 가치 중립적이라는 논리를 위안 삼아 결과가 눈에 보이는데도 개의치 않는다. 예측할 수 없는 엄청난 결과를 초래할 수도 있는데도 주문자의 돈에 노예가 되어 지식과 기술을 판다. 이들에게는 '구원'이라는 개념조차 없다.

종교에는 구원이 있을까? 종교는 구원의 길을 가자는 것이지 종교에 구원이 있는 것은 아니다. 그나마 바른 종교라야 구원의 길을 가자고 하지 타락한 종교는 구원의 길을 제시하기는커녕 악마와 짝하여 구원의 길을 막는다.

베데스타 연못이 구원의 환상임을 아는 것이 상식이다. 율법, 교리와 전통, 이념, 첨단 과학기술 등이 환상임을 아는 것이 지성이다. 환상을 깨뜨리고 거기에서 벗어나는 것이 사람됨이다.

인간을 자연과 구별하는 몇 가지가 있다. 창세기 3장에서는 부끄러운 곳을 가리는 옷이다. 바벨탑 설화^{창세기 11장}에서는 언어다. 중국 설화에서는 治水^{물 다스림}다. 그리스 신화에서는 프로메테우스가 가져다준 불이다.

프로메테우스, 신들의 전유물인 불을 훔쳐다가 인간에게 주었다. 이에 분노한 제우스는 프로메테우스를 카우카수스 절벽에 쇠사슬로 묶어두고 독수리로 하여금 매일 그의 간을 쪼아 먹게 하였다. 프로메테우스는 신이되 신의 편에 서지 않고 인간들을 위하여 희생한 신, 예수께서는 사람으로 하여금 하나님의 자녀가 되게 했다면 프로메테우스는 인간에게 불을 주므로 인간으로 하여금 자연을 벗어나 신의 세계에 근접하게 했다. 신들의 제왕인 제우스가 프로메테우스에게 말한다.

"프로메테우스, 미리 아는 자야! 너는 미래를 알지만 네가 만든 인간의 미래는 모르는구나. 너의 인간 사랑은 작은 사랑, 오히려 내가 인간을 염려하는 것이 큰 사랑이다. 네가 내게서 훔쳐다 준 불이 오늘은 인간에게 유익할지 모르나 장차는 인간을 지배하게 될 것이다. 불로 인해 교만해진 인간은 신들을 조롱할 것이며, 자신들의 뜻대로 신들을 바꿀 것이다. 프로메테우스야, 인

100_200mm

간에게 선함이 있음을 나도 안다. 그 선함이 불을 다루
면 좋지만 그 불이 선함을 태우는 날에는 인간 세상은
물론 신들 세상도 잿더미가 될 것이다."

제우스의 이 경고를 경청할 필요가 있다. 불이 만든 문명은
인간을 짐승에서 벗어나게 했지만 역시 짐승보다도 못한 처지
로 내몰기도 한다. 문명으로 말미암아 인간 사회의 억압과 착취
는 훨씬 조직적이고 치밀하고 교묘하게 발전했다. 억압과 착취
가 정당화됨은 물론이고 불을 쏘아대며 전쟁도 한다. 그리고 신
에게도 도전한다. … 그럼에도 불구하고 프로메테우스는 말한
다.

"인간이 존재하지 않는 세상에는 신들도 존재할 수 없
습니다."

인간을 지극히 사랑한 프로메테우스, 그가 절벽에 묶여 고통
을 당하는 모습이 너무 거룩하다. 그 모습이 십자가에 달리신
예수의 모습과 겹쳐진다. 그래서 이렇게 십자가를 만들고 〈프로
메테우스 십자가〉라 이름하였다.

250_275mm

하나님께서 "네 소원을 이루어 주겠다" 하시면 무엇을 소원할까?

미다스 왕처럼 "내가 만지는 것은 모두 금이 되게 해 달라"고 할까?
태양신 헬리오스의 아들 파에톤처럼 태양 마차를 몰게 해 달라고 할까?
시뷜레처럼 모래를 두 손 가득 퍼서 그 수만큼 오래 살게 해 달라고 할까?
헤로디아처럼 누군가의 머리를 달라고 할까?

부질없는 소원들은 던져 버리고 신앙적인 소원을 말한다면 "천국"이다. 천국이 우리의 궁극적인 소망이다.

천국은 어떤 곳일까?
어떤 이는 말하기를 "천국은 황금으로 만든 집, 황금으로 만든 길… 온통 황금"이란다.
그놈은 금에 환장한 놈이다. 금에 환장한 놈이기에 황금으로 가득한 천국을 꿈꾼다.
어떤 이는 천국이 산해진미로 가득하다고 한다. 어렸을 적 배고픔이 한이 되었나 보다.

어떤 이는 말하기를 천국에서는 허리가 버들가지 같은 미인들
이 시중 든다고 한다.

흐이~ 그놈은 여자에 환장한 놈이다.

그가 소원하는바, 그가 꿈꾸는 천국이 그의 인생관이고 철학
이고 신앙관이다.

당신이 꿈꾸는 천국은 어떤가요?

천국은 고통과 고난이 없을 것이라 하지만

그럴 수 없다.

천국은 십자가 없이는 있을 수 없고 십자가 없이는 유지되지
않을 것이다.

천국이 어디 있을까?

불교는 마음에 있다고 한다. 노자는 자연이라고 한다. 유가는
말하지 않았다.

예수께서는 너희 안^{공동체}에 있다고 한다.

천국은 가는 곳이 아니다. 함께 만드는 것이다.

* * *

천국의 십자가를 어떻게 만들까 고민하다가 〈공동체 십자가
2〉에 〈천국의 십자가〉라는 이름을 덧붙였다.

욥은 하나님이 자비롭지도 않고 공정하지도 않다고 끝까지 항변한다.

내가 불러도 대답조차 아니 하시니
나의 부르짖음을 들으신다고 믿을 수도 없네.
그는 한 오라기 머리카락 같은 일로 나를 짓밟으시고
까닭 없이 나를 해치시고 또 해치신다네.
숨 돌릴 틈도 주시지 않고
나의 입에 쓴맛만 채워 주신다네.
힘으로 해보려 하나 그는 장사요,
법으로 해보려 하나 누가 그를 불러내겠는가?
나 비록 죄가 없다고 하여도
그는 나에게 죄가 있다고 하시겠고,
나 비록 흠이 없다고 하여도
그는 나의 마음 바탕이 틀렸다고 하실 것일세.
나 비록 흠이 없다고 하지만
무엇이 무엇인지 모르겠네.
살아 있다는 것이 구역질 날 뿐.
내가 할 수 있는 말은 이 한마디,
"그는 의인을 악인과 함께 묻어 버리신다네."
그의 채찍에 맞아 어이없이 숨져 가는데

140_310mm

죄 없이 절망에 빠진 자를 그가 비웃으시네.
땅을 악인의 손에 넘기셨으니
재판관의 눈을 가리우신 이가
그분 아니고 누구시겠는가! 욥기 9장

욥이 아는 하나님은 불러도 대답조차 아니 하시는 분, 하찮은 일로 죄 없는 사람을 짓밟으시는 분, 까닭 없이 사람들에게 고통을 주시는 분, 죄 없는 이를 죄가 있다고 하시고, 의인을 죄인과 함께 묻어 버리시는 분, 죄 없는 이를 채찍으로 갈기시고 절망에 빠진 이들을 비웃으시는 분, 재판관의 눈을 가리워 불공평한 재판을 만드시는 분.

욥의 이러한 고백은 우리를 매우 당황하게 한다. 욥의 이야기보다 욥을 책망하는 친구들의 이야기가 훨씬 신앙적이다. 그런데 욥기의 결론에서는 하나님께서 욥의 손을 들어 주신다. 욥이 솔직했다는 것이다. 그래서 생각해 보았다. 중심을 보시는 하나님은 부정직한 신앙보다는 정직한 불신앙을 더 높이 평가하신다는 것을.

200_265mm

석가모니는 탁발했지만 예수께서는 탁발했다는 기록이 없다. 그렇다고 일하셨다는 기록도 없다. 대신 예수께는 후원자가 있었다. 주로 여인들이다. 여인들은 제자이면서 동시에 후원자들이었다.

여제자들은 예수께서 십자가에 처형당하실 때도 그곳에 있었고 부활의 빈 무덤을 제일 먼저 찾아간 이들도 그들이었다. 예수께 향유를 부은 여인의 헌신에^{마 26:1-5} 필적할 만한 헌신을 남자 제자들에게서는 찾아볼 수가 없다. 여제자인 마르다의 신앙고백^{요 11:21-27}은 베드로의 신앙고백보다 훌륭하건만 남성 중심의 사고에 젖어있는 우리들의 눈에는 드러나지 않는다.

이러한 여제자들이 예수님을 따라다니고 충성했건만 그들에 대한 기록이 극히 적어서 유감이다.

그 뒤 예수께서는 여러 도시와 마을을 두루 다니시며 하나님 나라를 선포하시고 그 복음을 전하셨는데 열두 제자도 같이 따라다녔다. 또 악령이나 질병으로 시달리다가 나은 여자들도 따라다녔는데 그들 중에는 일곱 마귀가 나간 막달라 여자라고 하는 마리아, 헤로데의 신하 쿠자의 아내인 요안나, 그리고 수산나라는 여자를

비롯하여 다른 여자들도 여럿 있었다. 그들은 자기네
재산을 바쳐 예수의 일행을 돕고 있었다. 눅 8:1-3

절에 가면 부처님을 만나기 전에 먼저 무시무시한 사천왕상을 본다. 돌아 나오면서도 그들의 전송을 받는다. 무시무시한 지옥 이야기가 수도 없이 많다. 자비롭고 고마우신 분을 섬길줄 모르는 인간이기에 무서운 지옥이 필요한 모양이다. 중세 교회들도 지옥 그림을 실감 나게 그려 놓았다. 하나님을 섬기고 예수님을 믿기보다는 지옥 갈 것이 두려워서 예수님을 붙들고 하나님께 무릎 꿇는다.

사람은 고마운 존재를 섬기는 것이 아니라 두려운 존재를 섬긴다. 고마운 존재에게 복종하기보다는 두려운 존재에게 복종한다. 우리나라 사람들은 태양의 위대함을 알고 태양의 고마움을 알지만 태양을 두려워하지는 않는다. 반면 적도 근처나 사막 지역의 사람들은 태양을 몹시 두려워한다. 그곳의 태양에 준비 없이 노출되면 생명이 위태롭다.

태양을 고마운 존재로 아는 우리나라 사람들은 태양을 신으로 섬기지 않지만 사막 지역 사람들은 두려운 태양을 신으로 섬겼다. 태양은 하나, 태양이 작열하는 사막에서는 길도 하나다. 다른 길은 없다. 다른 길로 가면 그늘을 만나지 못하고 물도 만나지 못하여 죽음을 면치 못한다. 이런 자연환경에서 유일신 신앙이 만들어졌다. 다양성이라는 것은 있을 수 없다. 그래서 배

180_300mm

타성도 강하다.

  구약의 하나님도 두려운 하나님, 그래서 유대인들은 하나님을 열심히 섬겼다. 그런데 예수님이 가르쳐주신 하나님은 결코 두려운 분이 아니다. 지극히 자비로우신 아버지 하나님이다.

230_360mm

"고장 난 벽시계는 멈추었는데 저 세월은 고장도 없네…"

「고장 난 벽시계」라는 노래의 가사 일부다. 시간에 대하여 학자들은 어렵게 말을 하고 어려운 글을 쓰지만 대중가요의 한 줄 가사가 오히려 더 명쾌하다.

時間이라는 것은 거룩한 것, 그래서 시간은 교회가 관리했다. "時"라는 한자에는 寺^{절사}자가 들어있다. 예배시간을 알리는 교회 종소리가 時다. "詩"라는 글자에도 寺^{절사}자가 들어있다. 설교가 詩다. 목사는 다 詩人이다.

시간은 듣는 것, 종소리로 시간을 들었다. 한편 시간은 보는 것, 하늘의 운행을 보고 시간을 보았다. 태양의 모습을 보고 시각을 알고 태양의 기울기를 보고 절기를 알았으며 달의 차고 기움을 보고 날짜를 알았다.

미래를 알 수 있을까? 사람들 말하기를 "미래는 알 수 없다." 하지만 사실 우리는 미래를 알고 있다. 내일 아침 해가 떠오를 것을 알 수 있고 한 달 후 밤하늘의 달의 모습은 알 수 있다. 때가 되면 나의 탱탱하던 피부는 나무껍질같이 거칠어지고, 눈빛은 흐려지며 손발의 근육은 힘을 잃을 것을 알고 있다. 그리고 끝내는 갈 곳으로 간다는 것도 안다.

하나님께서 창조하신 것은 온통 공이다. 지구가 공이다. 태양도 공이다. 우주가 온통 공이다. 공은 위, 아래가 없다. 앞뒤가 없다. 처음과 끝이 한점이다. 순간이 영원이다. 성경에 이르기를

"나는 알파와 오메가라 이제도 있고 전에도 있었고 장차 올 자요 전능한 자라"계 1:8고 했는데 하나님께는 순간이 영원이라는 말씀이다.

시간을 뜻하는 神 크로노스는 거대한 낫을 들고 살아있는 모든 것의 목을 거침없이 잘라버린다. 세월아 가라. 거침없이 가라. 고장 없이 가라. 머리에는 서리가 내리고 얼굴에는 골이 지고 다리는 가늘어지지만 하나님의 시간에는 순간과 영원의 구별이 없다.

'Mythos^{신화}'가 아닌 'Logos^{말씀, 진리}'라고 신화와 차별화하고 시작한 기독교는 합리적이고 이성적이고 논리적일까? 그럴 수 없다. 기독교는 신비다. 기독교뿐 아니라 모든 종교가 신비다. 종교뿐만 아니라 모든 것이 다 신비다.

가장 논리적이라 할 數學도 신비다. 수학은 도대체 존재하지도 않고 존재할 수도 없는 '0'이란 숫자를 만들어 냈다. '0' 뿐만이 아니다. 모든 숫자는 다 허구다. 사물이 존재하는 것이지 숫자가 존재하는 것이 아니다. '1'은 무엇인가? 자연수로서는 가장 작은 수가 '1'이다. 그러나 '1'은 전체를 말하기도 한다. 전체를 표현함에 '1'보다 적합한 수가 없다. '0'이 無極이라면 '1'은 太極이다. 이쯤 되면 수학은 철학을 넘어서 신비다.

인생도 신비다. 내가 태어나고 내가 살아온 날이 신비고 살아갈 날도 신비다. 나와 인연 맺은 모든 이들이 다 신비다. 신비는 계산이 되지 않기에 신비다. 예측할 수 없기에 신비다.

아! 인생이여, 삶이 괴로운가? 인생이 괴로운 것은 신비로운 인생을 계산하려 하고 계획대로 살려 하고 예측하려 하고 바꾸려 하기 때문이다. 그러니 억지로 살지 말고 "앞으로 무슨 변화가 일어날까?"를 흥분과 기대 속에 맞이하면 어떨까? 혹 禍라

230_420mm

판단되는 일이 닥칠 수 있을 터인데 그 화라는 것이 무슨 근거로 화라 판단되는지 생각해 볼 일이다. 많은 경우 화와 복은 동전의 양면과 같다. 화 속에 복이 깃들어 있고 복의 뒤에는 항상 화가 그림자처럼 붙어 있다.

230_390mm

실크로드 요충지에 소구드족이 있었다. 중개무역으로 엄청난 부를 축적했다. 그러자 소구드족의 재물을 노리는 자들의 침략이 끊이지를 않는다. 견디지 못한 소구드족은 모든 재물을 거두어 깊은 산속으로 숨었다. 그러나 재물을 노리는 자들의 추적을 피할 수 없었다. 결국 침략을 받아 멸망하고 말았다. 재물이 그들을 멸망시켰다. 재물을 생명줄처럼 거머쥐고 숨었건만 그 재물은 바람난 창부처럼 끊임없이 도적을 부른다.

감당할 수 없고 통제할 수 없는 재물은 재앙을 부른다.
감당할 수 없는 힘도 재앙을 부른다.
그러니 감당할 수 없는 재물, 감당할 수 없는 권력이 다가오면 악마를 만난 듯 달아나야 한다.

240_390mm

가수 송가인은 노래했다.

"언젠가 서울에 가서 성공을 해서 돌아온다 약속했는
데⋯."

얼마나 많은 이들이 성공해서 돌아오겠다며 서울로 갔을까?
그런데 안타깝게도 성공해서 돌아온 이들은 없다. 고향에 돌아
오는 이들은 실패한 이들이다. 그리고 사실 실패한 이들도 대부
분 돌아오지 않는다. 은퇴해서도 서울을 떠나지 못한다. 죽어서
도 떠나지 못하는 곳이 서울이다.

고향이 어디요?

고향이란 부모님 계신 곳이다. 부모님 돌아가시면 갈 곳을 잃
어 부모님 무덤이라도 찾아가는 것이 인생이다. 부모님 무덤이
고향이라니 서글픈 일이다. 강물의 근원은 냇물이고 냇물의 근
원은 계곡물이고 계곡물을 거슬러 올라가니 바위틈이다. 그런
데 바위에서 무슨 물이 나올까? 물의 근원을 바위라 한다면 무
지한 소리다. 물의 근원은 바다다. 진짜 고향은 하나님 아버지
계신 곳, 내가 돌아갈 곳이다. 예수께서 말씀하셨다.

"나는 그분에게서 왔고 그분은 나를 보내 주셨다." 요
7:29

우리 모두가 하나님께로부터 왔다. 그리고 그분께 돌아간다.
내 고향은 하나님이다. 서울 하늘에 무수히 빛나는 저 십자가는
성공의 상징이 아니다. 聖都의 상징은 더욱 아니다. "고향으로
돌아오라!"는 부르심이다.

선한 사마리아 사람의 비유, 우리는 흔히 해석하기를

"내가 강도 만나 죽게 되었습니다. 선한 사마리아 사람
이신 주님 나를 구해주소서."

한다. 그러나 그렇게 해석해서는 안 된다. 강도 만난 자가 예
수다. 어느 시대든지 그 시대의 강도 만난 자들이 바로 예수다.
예수께서는

"가장 작은 이에게 한 것이 바로 나에게 한 것이다."

하시면서 가장 작은 이와 당신을 동일시하셨다. 그러니 이렇
게 해석해야 한다.

"너의 주인 내가 강도 만나서 죽게 되었다. 네가 선한
사마리아 사람이 되어 나를 구해라."

200_150mm